LA
RUPTURE
INUTILE.

A VERSAILLES, DE L'IMPRIMERIE DE LEBLANC.

LA
RUPTURE

INUTILE,

COMÉDIE EN UN ACTE

ET EN VERS,

Représentée pour la première fois, sur le Théâtre Français, rue Feydeau, le 14 Messidor, an 5 (2 Juillet 1797).

Par N. J. FORGEOT.

A PARIS,

Chez HUET, Libraire et Éditeur de Pièces de Théâtre, rue Vivienne, N.º 8.

AN V. — 1797.

PERSONNAGES.	ACTEURS.
BELMON.	M. CAUMONT.
SOLANGE.	M. FLEURY.
Mad. de SAINT-CLAIRE.	M.elle CONTAT.
MARTON.	M.elle DEVIENNE.
DUBOIS.	M. DAZINCOURT.

La Scène est à la campagne ; le Théâtre représente un Sallon.

LA RUPTURE
INUTILE,
COMÉDIE EN UN ACTE ET EN VERS.

SCÈNE PREMIÈRE.

SOLANGE, DUBOIS.

DUBOIS.

Le tems est beau, Monsieur, la matinée est fraîche ;
Déjà la promenade et la chasse et la pêche
Font les plaisirs de ceux qui logent chez Belmon ;
Chacun court : et vous seul restez à la maison !
Ah ! vous voulez tenter ici quelqu'aventure !

SOLANGE.

Une grande, Dubois ; j'attends...

DUBOIS.

                Qui ?

SOLANGE.

                      Ma future.

DUBOIS.

Votre future ?

SOLANGE.

         Eh ! oui.

DUBOIS.

            Vous allez vous lier !
Qui diable vous fait faire une telle folie ?

SOLANGE.

Belmon ; tu sais combien il aime à marier.

DUBOIS.

La Dame est-elle riche ?

SOLANGE.

On le dit.

DUBOIS.

Et jolie ?

SOLANGE.

Je l'ignore.

DUBOIS.

Comment, Monsieur, vous l'ignorez !
Avant de l'épouser, au-moins, vous la verrez ?

SOLANGE.

Si j'en croyais Belmon, ce serait inutile.
Il va vite !... Depuis que j'ai quitté la ville,
Pour fuir quelques objets qui me blessaient les yeux ;
Depuis l'instant, te dis-je, où je suis dans ces lieux,
Pour ma conversion un beau zèle l'enflamme,
Et dès le premier jour, il m'offrait une femme :
En un mot, à sa nièce il a promis mon cœur.
Non, je ne conçois pas le désir, la fureur
Des gens qui vont offrant des maris à la ronde,
Comme s'ils avaient peur de voir finir le monde.
En suivant leur manie, on dirait que Belmon
Veut expier le tort d'être resté garçon.
Enfin il m'a prêché d'un ton si vrai, si tendre,
Qu'à ses touchans discours il a fallu me rendre.
Malgré tous mes sermens, Dubois, me voilà pris,
Et je vais augmenter le nombre des maris,

DUBOIS.

Je vous fais compliment, le trait est exemplaire.
Ainsi vous oubliez Madame de Saint-Claire?

SOLANGE.

Je le dois; à-propos, tu n'en a rien appris?

DUBOIS.

Si fait; depuis hier elle a quitté Paris.

SOLANGE.

Depuis hier! quel est le lieu de sa retraite?

DUBOIS.

Je n'ai pu le savoir: la suivante est discrette.

SOLANGE.

Malgré tes questions?...

DUBOIS.

        Elle ne m'a rien dit.
J'étais pourtant pressant et sur-tout fort honnête.

SOLANGE.

Il fallait être adroit, mais tu n'es qu'une bête.

DUBOIS.

Me payez-vous, Monsieur, pour avoir de l'esprit?

SOLANGE.

Enfin, dit-on toujours qu'elle se donne un maître,
Que Florival l'épouse?

DUBOIS.

        Oui, cela pourrait être.
Si vous vous mariez, elle en peut faire autant,
Et vous n'avez pas seul le droit d'être inconstant.
Pour moi, je vous prédis, en serviteur sincère,
Que vous regretterez Madame de Saint-Claire.

SOLANGE. (*A part.*)

Il a, ma foi, raison.

DUBOIS.

Oui, Monsieur, vous l'aimiez,
Et vous l'aimez encor plus que vous ne croyez.

SOLANGE.

En dépit de moi-même, il me rendra fidele.

DUBOIS.

Vous vous êtes brouillés pour une bagatelle!

SOLANGE.

C'est assez. Allez voir si Belmon est chez lui.

DUBOIS (*soupirant.*)

J'y vais. . . .

SOLANGE.

Monsieur Dubois est bien tendre aujourd'hui.

DUBOIS (*revenant.*)

Oui, cette femme-là méritait d'être heureuse :
Comme elle est bonne ! aimable ! et sur-tout généreuse !

SOLANGE.

Fort bien. Vous aimez donc ceux qui sont généreux ?

DUBOIS.

Monsieur, dans tous les tems j'eus un faible pour eux,
Les bienfaits. . . .

SOLANGE.

Pauvre sot ! crois moins à l'apparence.
Que nous voyons de gens jouer la bienfaisance !
Le cœur les guide, hélas ! moins que la vanité,
Que cherche-t-on souvent ? l'honneur d'être cité ;
Et l'on ne fait du bien que pour nous en instruire.

DUBOIS (*s'en allant.*)

Faites-m'en donc, Monsieur, je promets de le dire.

(*il sort.*)

SCÈNE II.

SOLANGE.

Sans le savoir, Dubois disait la vérité.
Oui, me voilà puni de ma légèreté;
Madame de Saint-Claire a sur moi l'avantage.
Quand je crois l'oublier, malgré moi son image
Me poursuit.....Taisons-nous : on se rirait de moi.
Moi languir! soupirer! et pour rien! Oh! ma foi,
Le plus vain est souvent le plus sot quand il aime.

SCÈNE III.

SOLANGE, BELMON.

BELMON.

Mon cher Solange, enfin, vous voilà satisfait;
Madame de Mirande arrive à l'instant même.

SOLANGE.

Je vole au-devant d'elle.

BELMON.

　　　　　　Oh! non pas, s'il vous plaît.
Un tel empressement la flatterait sans-doute;
Mais tout en arrivant peut-on se laisser voir?
Non; il faut réparer le tort qu'a fait la route :
Et ses premiers momens sont dûs à son miroir.
Vous devez l'excuser, puisque c'est pour vous plaire.

SOLANGE.

Vous partagez ses soins et....

BELMON.

　　　　　　Je n'y suis pour rien.

On ne se pare pas pour un sexagénaire :
A ses yeux indulgens on se croit toujours bien.
Mais puisque ce délai nous permet d'être ensemble ,
Parlons de vos desseins. Je l'avouerai , j'en tremble.
Pourquoi sous un faux nom vouloir vous présenter ?
Le vôtre en est-il un que vous n'osiez porter ?

SOLANGE.

C'est qu'il est trop connu. Des erreurs de jeunesse
Peut-être contre moi préviendraient votre nièce.
Pour éviter cela , je prétends , par dégrés ,
Sous le nom de Saint-Fard , mériter sa tendresse.

BELMON.

C'est sous le vôtre , au-moins , que vous l'épouserez ?

SOLANGE.

Oui sans-doute.

BELMON.

En ce cas , la ruse est inutile,

SOLANGE.

Pourquoi ? J'aurai le tems de la désabuser
Sur mon compte , et. . . .

BELMON.

L'effort me paraît difficile ,
Puisque sous peu de jours il faudra l'épouser ;
Je vous l'ai déjà dit.

SOLANGE.

Oui ; mais vous vouliez rire.

BELMON.

Non ; pour votre bonheur votre ami le désire.
Nous pouvons vous fixer , profitons de l'instant ;
Assez long-tems , je crois , vous fûtes inconstant.

SOLANGE.

N'est – ce pas , selon vous , le parti le plus sage ?

BELMON.

Oui , si toute la vie en restait à votre âge.
Mais au mien , cher Solange , on n'en dit pas autant.
Mes maximes , jadis , tenaient assez des vôtres ;
Aussi je m'en repens : mais , regrets superflus !
Je voudrais me fixer et je ne l'ose plus.
Je me borne à – présent à marier les autres.

SOLANGE.

Et vous êtes trop bon.

BELMON.

Mon ami , vous verrez
Que vous – même aujourd'hui vous m'en remercierez.

SOLANGE.

Votre nièce. . . .

BELMON.

Est charmante et mérite qu'on l'aime,
Son humeur un peu vive ajoute à ses appas ;
Son esprit est piquant , et sa franchise extrême ;
Elle a trente ans passés et ne le cache pas !

SOLANGE.

Un exemple si beau séduira peu de femmes.

BELMON.

Sur ce point plus d'un homme a le faible des Dames.
Vous , si vous m'en croyez , par égard , par raison ,
En approuvant ma nièce , il faut agir comme elle :
Que sa sincérité vous serve de modèle ;
Ne paraissez enfin que sous votre vrai nom ;
N'y consentez – vous pas ?

SOLANGE.

Cela m'est impossible.

Ma franchise à-coup-sûr me deviendrait nuisible ;
Et pour vous le prouver je vais être indiscret,
Mais un ami prudent peut savoir mon secret :
Écoutez et jugez. Depuis six mois, peut-être,
J'aimais, et constamment. Cela doit vous paraître
Étonnant, je le sais : eh ! bien, j'étais heureux.
La personne, il est vrai, méritait tous mes vœux ;
Et j'eusse avec plaisir risqué le mariage,
Quand un rival fâcheux me causa de l'ombrage.
Je pouvais avoir tort, mais enfin j'exigeai
Que la Dame aussi-tôt lui donnât son congé.
Elle refuse net ; j'insiste, elle se pique ;
Moi de même : bientôt l'aventure est publique,
L'amour-propre est en jeu ; chacun s'en mêle.

BELMON.

Eh ! bien ?

Votre homme eut son congé ?

SOLANGE.

Non : je reçus le mien.

BELMON.

C'est un petit malheur ; mais qu'en voulez-vous dire ?
Que vous êtes perdu de réputation ?
Qu'après un tel congé votre nom peut vous nuire ?
Mais si pour en changer cela devait suffire,
Quel est l'homme ici-bas qui porterait son nom ?

SOLANGE.

Eh ! mon dieu, ce n'est pas d'aujourd'hui qu'on me quitte ;
Aussi la vanité n'est pas ce qui m'agite ;
Je ne crains que mes torts : voilà la vérité,

Ma rupture, Belmon, n'a que trop éclaté.
En faveur de la Dame on a tourné la chose ;
Et tous les torts, sans-doute, étaient de mon côté,
Puisque les femmes même ont soutenu sa cause.
Or, comme votre nièce est souvent à Paris,
Dans nos sociétés elle aura tout appris.
Quand il faut y louer, l'éloge est toujours mince :
Mais pour médire, aussi, Paris vaut la Province.
Je dois donc persister à garder le secret ;
Dubois seul est au fait, et je le sais discret.
Mais d'ailleurs, qu'on me nomme ou Saint-Fard, ou Solange,
Votre nièce, après tout, ne peut rien perdre au change.
Que veut-elle d'abord ? que j'aime ? j'aimerai ;
Ensuite, que j'épouse ? eh bien ! j'épouserai.
Adieu. Lorsqu'à ses pieds vous voudrez me conduire,
Vous aurez la bonté de me le faire dire.
Je vais, en attendant l'instant de mon bonheur,
Je vais m'étudier, composer mon visage,
Prendre, si je le puis, un air tout-à-fait sage,
Tâcher de plaire, enfin, et de vous faire honneur.

(il sort.)

SCÈNE IV.

BELMON.

Je ne le blâme plus : sa crainte est légitime ;
Mais il n'est pas le seul former des projets.
Après ce que j'ai dit, il ne croirait jamais
Que la future aussi veut garder l'anonyme.
Sa lettre me le dit très-positivement.
J'ignore le motif de ce déguisement,

Mais je veux la servir, et pour ne rien omettre ;
Avant de la revoir, relisons cette lettre.
Eh ! bien ?... Ah ! la voilà.

« Mon cher Belmon, vous me pressez perpétuellement de
» me remarier. Vous m'avez offert vingt partis : je les ai
» refusés. Aujourd'hui, tout change ; l'instant est favorable
» à vos projets, et je m'adresse à vous. Puisque vous aimez
» tant à pourvoir les veuves, trouvez-moi un mari : je le
» prends ; je vous laisse carte blanche ».

Je la reconnais bien !

« Sur-tout de la discrétion. Croyez pour un moment
» que vous êtes mon oncle ; songez qu'il faut me présen-
» ter comme votre nièce, et sous le nom de Madame de
» Mirande. Ne me demandez pas mes motifs ; réflexions,
» affaire d'amour-propre, ou caprice : n'importe ».

Affaire d'amour-propre !... Oh ! je n'y conçois rien.

« L'essentiel est de vous dépêcher, si vous voulez réussir :
» dans huit jours peut-être, je ne voudrais plus ; mais
» pour l'instant je suis décidée. Adieu, mon cher Belmon ;
» un mari, et je pars ».

Je crois remplir ses vœux en lui donnant Solange.
Mais ce déguisement des deux parts est étrange ;
J'ai combattu leur plan, je n'ai pû l'empêcher :
Soit ; ils n'auront tous deux rien à se reprocher.

SCÈNE V.

BELMON, Mad. DE SAINT-CLAIRE.

Mad. de SAINT-CLAIRE.

POUR vous revoir plutôt, j'ai pressé ma toilette :
Au moment d'un hymen c'est être peu coquette ;
Mais je ne cherche point à séduire Saint-Fard :
Un triomphe est peu sûr quand on le doit à l'art.
Moi, j'agis franchement, et je veux, si l'on m'aime,
Ne devoir aujourd'hui cet amour qu'à moi-même.

BELMON.

Cela vous est aisé.

Mad. de ST.-CLAIRE.

Belmon, vous me flattez.

BELMON.

Non, ma chère Saint-Claire.

Mad. de ST.-CLAIR.

Appelez-moi Mirande.

BELMON.

Mais pour quelle raison ?

Mad. de ST.-CLAIRE.

D'abord, pour une grande
Que vous ne saurez point, si vous le permettez.
Mais un autre motif, que je ne puis vous taire,
C'est que notre projet pourrait être mal pris ;
Que moins il est sensé, plus il veut de mystère.
Je puis être indiscrette au fond de votre terre ;
Mais je prétends toujours qu'on l'ignore à Paris ;
Le parti que je prends semble me le promettre ;

Vous m'offrez un époux ; moi, sans me compromettre,
Sous un nom supposé je me rends en ces lieux ;
Loin du grand monde, ici, nous nous jugerons mieux ;
Et grâce à mon secret, je crains peu l'aventure :
Convenons-nous ? j'épouse, autrement, sans façon,
J'embrasse mon ami, je remonte en voiture,
Je quitte votre terre, et je reprends mon nom.

BELMON.

Oh ! vous nous resterez, Madame, je l'espère ;
Le bonheur de vous voir nous est trop nécessaire.
Vous allez embellir notre société,
Et bientôt, parmi nous, rapeler la gaieté.

Mad. de S.T-CLAIRE.

N'y comptez pas, Belmon : je ne suis plus la même.
Depuis long-tems j'éprouve une tristesse extrême ;
Paris me déplaisait.

BELMON.

Je n'en suis point surpris :
On peut tout comme ailleurs s'ennuyer à Paris ;
Et tous ses vains plaisirs, que le bruit accompagne,
Ne vaudront jamais ceux qu'on goûte à la campagne.
Ici leur pureté les rend toujours nouveaux.
Ah ! que ne puis-je, moi, vous faire la peinture
De ces plaisirs si vrais que donne la nature !
Et vous tracer !.... Mais non ; de si faibles pinceaux
En détruiraient le charme : au-moins dois-je le craindre ;
Nous savons les goûter beaucoup mieux que les peindre.
Mais qui les goûte aussi n'y veut plus renoncer ;
Et qui vieut aux champs finit par s'y fixer.
Intérêts, souvenirs, amis que je regrette,
Rien n'a pu m'arracher à ma douce retraite :
Pour en doubler le prix vous venez y rester ;
Jugez si maintenant je voudrais la quitter !

Mad. de St.-Claire.

Loin de blâmer vos goûts, Belmon, je les partage.

BELMON.

Vous !

Mad. de St.-Claire.

Moi. Tout comme vous, je me plais au village.
Ah ! je sens bien le prix de ces plaisirs touchans,
Alors que les beaux jours me rappellent aux champs.
Si le bonheur me rit, c'est au fond de ma terre,
Là, je semble reprendre un nouveau caractère ;
A la légèreté succède la raison,
Et la bonne franchise au prétendu bon ton ;
On dirait que j'ai là passé ma vie entière.
Tout le village en moi croit voir une fermiere.
Eh ! oui, je suis la sienne ; et mes biens et mes soins
De ces bons villageois préviennent les besoins.
A celui-ci je prête ; à celui-là je donne ;
Je partage avec tous, quand la récolte est bonne.
On donne et l'on reçoit aux champs si simplement !
Point d'ostentation, point de remerciement :
Je ne les surprends point, quelque bien que je fasse ;
Ils feraient comme moi s'ils étaient à ma place.
C'est une mère auprès de ses enfans nombreux,
Qui fait complaisamment la part à chacun d'eux.
Une mère... Et voilà comme en une âme pure,
L'heureuse adoption remplace la nature.

BELMON.

Vous m'étonnez, Madame.

Mad. de St.-Claire.

Oh ! j'ai de la raison,

Quand je veux.

BELMON.

Mais beaucoup.

Mad. de ST.-CLAIRE.

Et vous aussi, Belmon,
Car vous ne suivez plus vos projets de fortune ?

BELMON.

La mienne est dans ces lieux : pourrais-je en trouver une
Plus faite pour mon cœur ? Irais-je user mes jours
A poursuivre des biens qu'on n'obtient pas toujours ?
Le tems vaut mieux que l'or, et je l'économise.
Qu'il coûte cher, souvent, cet or que je méprise !
Que de soins, que de tems on perd à l'amasser !
On aurait plutôt fait d'apprendre à s'en passer.

Mad. de ST.-CLAIRE.

Aller à la fortune est mal aisé sans-doute :
Aussi combien de gens ont abrégé la route !
Mais revenons au but qui m'appelle en ces lieux.

BELMON.

A Saint-Fard.

Mad. de ST.-CLAIRE.

Soit : avant qu'il paraisse à mes yeux,
Parlez-m'en sans détour, Belmon ; la circonstance
Donne à penser, au moins ; l'affaire est d'importance.

BELMON.

Pourquoi voudrais-je ici trahir la vérité ?
Mon ami, croyez-moi, n'est point fait pour la craindre.
Avec trop de faveur je ne veux point le peindre ;
Il peut être étourdi... Qui ne l'a pas été !
Le séjour de Paris tourne une jeune tête ;
Mais le mal n'est pas grand, quand le cœur est honnête.

Vous le guérirez, vous, de sa légèreté ;
Moi, je lui donnerai de ma simplicité.
Pour excellent mari je veux qu'on le renomme ;
Et me charge, avant peu, de le rendre bon homme.

Mad. de St.-Claire.

Mais pas trop cependant.

Belmon.

Vous avez déjà peur !
Ce sont les bonnes gens qui font votre bonheur,
Mesdames. Les grands airs sont d'un mauvais présage,
Et l'air bon-homme enfin, sied fort bien en ménage.
Mais je rejoins Saint-Fard, et reviens sur mes pas
Vous accorder tous deux.

Mad. de St.-Claire.

La tâche est difficile.

Belmon.

Difficile ? pour moi ! mon Dieu, soyez tranquille ;
   (en souriant.)
J'ai marié des gens qui ne vous valaient pas.

(il sort.)

SCÈNE VI.

Mad. de St.-Claire.

Plus le moment approche, et plus je le redoute ;
Ma liberté m'est chère, et je vais l'immoler.
Pour qui ? Pour un mari ! Ce nom me fait trembler.
Le dépit me conduit ; mais quelquefois je doute...

SCÈNE VII.

Mad. DE SAINT-CLAIRE, MARTON.

Mad. de ST.-CLAIRE.

Eh bien! Marton, sais-tu quelque chose?

MARTON.

Hélas! non.

Mad. de ST.-CLAIRE.

Tu n'as point vu Saint-Ford?

MARTON.

Pas encor.

Mad. de ST.-CLAIRE.

Qu'en dit-on?

MARTON.

Rien.

Mad. de ST.-CLAIRE.

Rien?

MARTON.

Votre futur n'est connu de personne,
Madame. Il ne faut pas que cela vous étonne,
C'est la première fois qu'il paraît chez Belmon.

Mad. de ST.-CLAIRE.

Ses gens?...

MARTON.

Un seul valet forme toute sa suite;
Si j'avais pu le voir je serais mieux instruite.

Mad. de ST.-CLAIRE.

Oh! rien ne presse encor.

MARTON.

Que veut dire ceci ?
Madame, songez donc qu'il s'agit d'un mari !
C'est le cas, ou jamais, d'être fort curieuse.
Oh ! moi je veux savoir si vous serez heureuse :
Mériter le bonheur ce n'est pas l'obtenir :
Avec un autre, enfin, vous deviez vous unir ;
Si vous changez, au moins faut-il gagner au change ;
Et qu'aujourd'hui Saint-Fard fasse oublier Solange.

Mad. de ST.-CLAIRE.

Solange !

MARTON.

A cet oubli vous mettez tous vos soins ;
Mais d'un pareil effort nous sommes peu capables.

Mad. de ST.-CLAIRE.

Oh ! ses torts sont si grands !...

MARTON.

Hélas ! les plus coupables
Sont ceux que, par malheur, nous oublions le moins.

Mad. de ST.-CLAIRE.

Tu dis bien vrai !

MARTON.

D'ailleurs, parlons du fond de l'âme,
Il n'a pas tout le tort.

Mad. de ST.-CLAIRE.

Ah ! Marton.

MARTON.

Ah ! madame,
Si vous eussiez voulu renvoyer Florival !..

Mad. de St.-Claire.

Pourquoi l'exigeait-il ?

MARTON.

Eh ! oui, voilà le mal.
On peut bien pour Solange avoir quelque tendresse;
Mais de ses actions on veut rester maîtresse,
Ou le paraître, au moins.

Mad. de St.-Claire.

Ce n'est pas trop, je croi.

MARTON.

Pourquoi se pressait-il ? De vous-même, ma foi,
Vous eussiez renvoyé Florival : j'en suis sûre.

Mad. de St.-Claire.

Eh ! ne l'ai-je pas fait, après notre rupture ?

MARTON.

Pour former en ces lieux un autre engagement.

Mad. de St.-Claire.

Cela n'est pas certain.

MARTON.

Cependant le tems presse;
Car si, comme on le dit, Solange est au moment
D'épouser. . . .

Mad. de St.-Claire.

Qui ?

MARTON.

J'ignore.

Mad. de St.-Claire.

Eh bien ?

MARTON.

Eh bien, vraiment,
Il faut pour notre honneur le gagner de vitesse.

Mad. de St.-CLAIRE;

Crois-tu?

MARTON.

Si je le crois ! eh ! madame, autrement
On dira que c'est lui qui vous a délaissée.
Tenez, je n'en saurais supporter la pensée :
Je crois déjà le voir triompher à vos yeux.

Mad. de St.-CLAIRE.

Il viendrait donc exprès me trouver en ces lieux ?

MARTON.

Heureusement pour nous, la chose est impossible.
Vous vous trompez pourtant, si vous imaginez
Qu'il renonce à savoir ce que vous devenez.
Dubois vous cherche.

Mad de St-CLAIRE.

Moi !

MARTON.

Vous. N'est-ce pas risible ?

Mad. de St.-CLAIRE.

Beaucoup. Mais un tel fait....

MARTON.

Est très-indifférent.

Mad. de St.-CLAIRE.

Oh! oui... mais de ce fait as-tu quelque garant ?
Encor faut-il savoir s'il est bien véritable.

SCÈNE VIII.

LES MÊMES, DUBOIS.

DUBOIS. (*au fond.*)

Je cherche en-vain mon maître.

MARTON.

Hélas ! le pauvre diable

Court....., Ciel !

Mad. de St.-CLAIRE.

Qu'as-tu ?

DUBOIS.

Que vois-je !

MARTON.

Ah ! le tour n'est pas mal :

Madame, c'est lui-même, en propre original.

Mad. de St.-CLAIRE.

Et qui ?

MARTON.

Dubois.

Mad. de St.-CLAIRE.

Dubois ! La rencontre est étrange.

Eh ! que fais-tu céans ?

MARTON.

Il courait après nous.

DUBOIS.

Nous serions mieux fondés à le dire de vous ;

Nous sommes les premiers arrivés.

Mad. de St.-Claire.

(*bas.*)

Nous!... Solange

Est ici.

MARTON.

(*bas.*)

Paix..... Ton maître est sans-doute en ces lieux?

DUBOIS.

Oui.

MARTON. (*bas.*)

Bon, votre vengeance en éclatera mieux.

Mad. de St.-Claire.

Est-il seul?

DUBOIS.

Oui, madame.

MARTON.

(*bas.*)

(*haut.*)   Ah! ah... Son mariage

N'est pas fait... sa moitié n'est donc pas du voyage?

Va, va, nous savons tout, Dubois, ne cache rien.

DUBOIS.

Sa moitié!... Qu'entends-tu?

MARTON.

Parbleu! j'entends, sa femme.

N'est-il pas marié?

DUBOIS (*examinant Madame de St.-Claire.*)

Mais... cela se peut bien.

Mad. de St.-Claire.

(*bas.*)

Ah! Dieux!

MARTON.

(*bas.*)

Ouf.... Et déjà Monsieur quitte Madame ?

DUBOIS.

Ce n'est pas pour long-tems: nous l'attendons ici.

MARTON (*à Madame de St.-Claire.*)

Peut-être viendra-t-elle avec votre mari.

DUBOIS.

Madame est mariée !

MARTON.

Eh! oui: cela t'étonne ;

DUBOIS.

Allons, il ne faut plus répondre de personne.

Mad. de ST.-CLAIRE.

(*bas.*)

Ah ! Marton.

MARTON.

Vainement ton maître s'est pressé ;
De quatre jours au moins , nous l'avons devancé.

DUBOIS. (*à part.*)

Moi! qui me reprochais de lui faire une fable !

MARTON.

(*à Madame de St.-Claire.*)

Du courage..... et dis-moi, la Dame est-elle aimable ?

DUBOIS.

Oui;

MARTON.

Son âge ?

DUBOIS.

Vingt ans,

MARTON.

Sa fortune ?

DUBOIS.

Oh! ma foi,
Tiens, demande à mon maître, il en sait plus que moi.

SCÈNE IX.

LES MÊMES, SOLANGE.

SOLANGE.

DUBOIS.

Mad. de St.-CLAIRE. (à part.)

Cachons mon trouble.

MARTON.

Et nous, notre colère.

SOLANGE. (au fond.)

Quelle est ?...

DUBOIS. (bas.)

Paix, du sang-froid, madame de Saint-Claire,
Et mariée.

SOLANGE.

O ciel !

DUBOIS. (bas.)

Ne vous démontez pas.

SOLANGE. (bas.)

Mariée !

DUBOIS. (bas.)

Oui. L'époux n'a point suivi ses pas.

MARTON.

Il a déjà perdu son air aimable, leste.

Mad. de St.-CLAIRE.

Il est donc sérieux ?

MARTON.

Oui, madame.

DUBOIS.

Avancez.

SOLANGE (à *Dubois*.)

Son maintien paraît grave, et ses yeux sont baissés.

DUBOIS.

Une nouvelle épouse a toujours l'air modeste.

SOLANGE.

En me fixant ici, j'étais loin d'espérer
Que j'aurais le bonheur de vous y rencontrer,
Madame. Retiré dans ce champêtre azile,
Je comptais sur un sort moins flatteur que tranquille.
Qui peut vous engager à venir l'habiter ?
Pourquoi quitter Paris qui doit vous regretter ?

Mad. de St.-CLAIRE.

A venir chez Belmon l'amitié m'autorise.
Mais plus que vous, monsieur, j'ai lieu d'être surprise ;
Je devais, à Paris, vous supposer, je croi,
Puisque Dubois, hier, s'est présenté chez moi.

SOLANGE.

Dubois !

DUBOIS.

C'est à Marton que je rendais visite.
Oh ! je sais vivre, moi !

MARTON.

Tu l'as appris bien vite ;
Va, nous te dispensons de tant d'honnêteté.

SOLANGE (*à Dubois.*)

Plus je l'observe et plus je la trouve rêveuse.

DUBOIS.

Si j'en crois l'apparence, elle n'est pas heureuse.

Mad. de ST.-CLAIRE (*à Marton.*)

Ne lui trouves-tu pas bien de la gravité ?

MARTON. (*haut.*)

Après huit jours d'hymen on perd de sa gaieté.

SOLANGE.

Et la réflexion quelquefois lui succède.

MARTON.

Vous appelez déjà la morale à votre aide !

DUBOIS.

Oui-dà : veux-tu venir moraliser chez nous ?
Nous traitons maintenant du bonheur des époux.

SOLANGE.

Bonheur rare !

MARTON.

On le voit.

Mad. de ST.-CLAIRE.

Oui, Solange, très-rare.

SOLANGE.

Quand l'amour-propre aveugle, il faut bien qu'on s'égare.
Le tort le plus léger passe pour un affront ;
Le dépit porte alors à faire un choix trop prompt :
On croyait se venger de l'objet que l'on aime,
Et l'on fait, par orgueil, son malheur à soi-même.

Mad. de ST.-CLAIRE.

Je commence à le croire.

MARTON. (*bas.*)

Il se peint trait pour trait.

DUBOIS. (*bas.*)

Elle a dans ce tableau reconnu son portrait.

Mad de ST.-CLAIRE.

Le mal ne vient souvent que de ne pas s'entendre.

MARTON. (*bas.*)

Plus ferme, s'il vous plaît ; la voix devient trop tendre.

SOLANGE (*à Dubois.*)

Sa situation me touche, en vérité.

MARTON. (*bas.*)

Allons donc, vengez-vous.

Mad. de ST.-CLAIRE.

Ce serait cruauté.

DUBOIS.

La pauvre femme, hélas ! nous regretter si vite !
Ah ! c'est que nous avons aussi bien du mérite.

SOLANGE.

Son exemple m'effraye, et j'en veux profiter.

MARTON.

Il sort.

Mad. de ST.-CLAIRE.

Il était tems ; je n'aurais pû rester.

SOLANGE.

(*à part.*)

Oui, je veux voir Belmon... Pardon si je vous quitte,
En restant plus long-tems je serais indiscret,
Madame. Mais je pars pénétré de regret.
Solange à votre sort ne peut être insensible ;

Il aime à croire encor votre bonheur possible;
Heureux de s'immoler, s'il pouvait aujourd'hui
Vous rendre ce bonheur qui n'est plus fait pour lui!

> (*il sort avec Dubois.*)

SCÈNE X.

Madame de SAINT-CLAIRE, MARTON.

MARTON.

L'avez-vous entendu?

> Mad. de St.-Claire.

> > Ma surprise est extrême:

Il semble, en se plaignant, me plaindre aussi moi-même!
Ah! c'est un peu trop fort!

> MARTON.

> > Oh! oui; grondez-le bien:

Pourquoi donc, lui présent, ne lui disiez-vous rien?

> Mad. de St.-Claire.

(*à elle-même.*)
Il est pourtant trop vrai que mon sort est à plaindre;
Mais le sien est affreux: c'est lui que je dois craindre.

> MARTON.

Ah! nous aurons bientôt un vengeur dans Saint-Fard.

> Mad. de St.-Claire.

D'un choix irréfléchi voilà quelle est la suite!
Ah! du-moins n'allons pas imiter sa conduite.

> MARTON.

Mais à quoi songez-vous?

> Mad. de St.-Claire.

> > Je songe.... à mon départ.

MARTON.

Vous partir?

Mad. de ST.-CLAIRE.

A l'instant.

MARTON.

Allons-donc, quelle idée !
Nous sortons de voiture.

Mad. de ST.-CLAIRE.

Et nous y remontons.

MARTON.

Rien n'est prêt : j'ai défait jusqu'aux moindres cartons.

Mad. de ST.-CLAIRE.

Eh bien ! refaites-les.

MARTON.

La chose....

Mad. de ST.-CLAIRE.

Est décidée.

MARTON.

On ne verra que nous sur la route.

Mad. de ST.-CLAIRE

Il suffit.

MARTON.

Au-moins faudrait-il voir...

Mad. de ST.-CLAIRE.

Faites ce qu'on vous dit.

MARTON. (à part.)

C'est sérieux... Partir en arrivant ! j'enrage ;
Je n'aurai pas de peine à conter mon voyage.

(elle sort.)

SCÈNE XI.

Mad. de St.-Claire.

Oui, pour me dégager je cours près de Belmon.
Je sais qu'il combattra ma résolution,
Et moi-même, je sens tout ce qu'elle a d'étrange.
Mais j'attendrais ici l'épouse de Solange !
Je pourrais !... Non, jamais, mon orgueil offensé...
Eh ! qu'est-ce que l'orgueil quand le cœur est blessé !

SCÈNE XII.

Mad. de SAINT-CLAIRE, BELMON.

Mad. de St.-Claire.

Voici Belmon.

BELMON.

C'est elle.

Mad. de St.-Claire.

Il faut parler.

BELMON (à part.)

Que dire ?

Ma foi je ne sais plus si je dois l'en instruire.
(haut.)
Je reviens seul.

Mad. de St.-Claire.

Tant mieux.

BELMON (*à part.*)

Qui pouvait le penser !
Au moment de conclure il faut qu'il se retire !
Monsieur craint de la voir.

Mad. de ST.-CLAIRE (*à part.*)

Je n'ose commencer.

BELMON.

Vous n'auriez jamais cru que vous fussiez à craindre ?

Mad. de ST.-CLAIRE.

Pour qui donc ?

BELMON.

Pour un fou moins à blâmer qu'à plaindre.

(*à part.*)
S'il savait ce qu'il perd !

Mad. de ST.-CLAIRE.

(*à part.*)
Solange a-t-il tout dit ?
Expliquez-vous, de grâce.

BELMON.

Eh ! oui, sans contredit,
Il faut bien m'expliquer ; mais je vais vous déplaire.

Mad. de ST.-CLAIRE.

Eh ! non ; parlez.

BELMON.

Je crains votre juste colère.

Mad. de ST.-CLAIRE.

Après.

BELMON.

Vous l'exigez ?

Mad. de St.-Claire.

Eh ! parlez donc, enfin.

Belmon.

Apprenez que Saint-Fard renonce à votre main.

Mad. de St.-Claire.

Ah !... vous me rassurez.

Belmon.

        Quoi ! seriez-vous flattée

De sa conduite ?

Mad. de St.-Claire.

      Non : mais j'en suis enchantée.

Cette conduite-là me sert mieux qu'on ne croit.

Belmon.

En vérité j'admire un aussi beau sang-froid.
Eh ! mais, songez-vous bien...

Mad. de St.-Claire.

          Eh ! oui, qu'il me refuse.

Le trait n'est pas galant ; mais enfin je l'excuse.

Belmon.

Je ne vous connais plus... est-ce vous qui parlez ?
Soit ; excusez-le-donc, puisque vous le voulez.
Pour moi, si j'étais femme, oh. oui, je le parie,
Ce soir, il m'offrirait ses vœux humilies.
J'emploierais tout mon art pour le mettre à mes pieds ;
Oui, tout, jusqu'aux ressorts de la coquetterie.

Mad. de St.-Claire.

Eh ! mais, écoutez-donc, cela serait permis.

Belmon.

Eh ! bien, voyez Saint-Fard.

Mad. de St.-Claire.

Non. Je me suis promis...

BELMON.

Cela n'engage à rien. Eh! voyez-le, vous dis-je;
Il faut qu'il soit puni.

Mad. de St.-Claire.

Vous croyez?

BELMON.

Tout l'exige.
L'honneur de votre sexe est compromis vraiment.

Mad. de St.-Claire.

Allons, vengeons-le-donc.

BELMON.

Point de ménagement.
Le refus de Saint-Fard veut une réprimande,
Et pour son intérêt je vous le recommande.

Mad. de St.-Claire.

Oh! fiez-vous à moi.

BELMON.

Bon, c'est parler, cela!
Et je vous reconnais enfin à ce trait-là.
Il ne faut point laisser refroidir votre zèle;
Dans le moment je veux vous livrer le rébelle.
Oui, pour ma propre gloire il faut qu'il soit soumis;
Il vous faut un époux puisque je l'ai promis;
Et si Saint-Fard rendait ma promesse frivole...,
Je vous épouserais, pour tenir ma parole.

Mad. de St.-Claire.

C'est être trop exact.

BELMON.

Trop exact! entre nous,
Madame, on ne peut pas l'être trop avec vous.

(*il sort.*)

SCÈNE XIII.

Mad. de ST.-CLAIRE.

AH! je suis curieuse, à mon tour, de connaître
Ce Monsieur qui veut fuir sans avoir vu les gens!
Je n'aurai pas pour lui des yeux bien indulgens.
On vient... Solange! ah! ciel! Belmon va reparaître;
Saint-Fard peut arriver: c'est fait exprès, je crois.

SCÈNE XIV.

Mad. de SAINT-CLAIRE, SOLANGE.

SOLANGE.

JE viens prendre congé de vous, madame.

Mad. de ST.-CLAIRE.

Eh! quoi!
Vous quittez ce séjour?

SOLANGE.

Dans un instant peut-être.

Mad. de ST.-CLAIRE.

C'est à qui partira.

SOLANGE.

Comment ?

Mad. de St.-Claire.

Je pars aussi.

SOLANGE.

J'aurai moins de regrets en m'éloignant d'ici.
Où portez-vous vos pas ? c'est vers Paris sans-doute ?

Mad. de St.-Claire.

Il est vrai, j'y retourne ; et vous, quelle est la route
Que vous allez tenir ?

SOLANGE.

La vôtre.

Mad. de St.-Claire.

(à part.)

C'est cela :
Oui, je retrouverai par-tout cet homme-là.

SOLANGE.

Qu'avez-vous ?

Mad. de St.-Claire.

Rien... Pourquoi quittez-vous cet azile ?
Vous vous étiez promis d'y vivre si tranquille !

SOLANGE.

C'était un vain projet qui n'a pas réussi ;
La retraite, d'ailleurs, n'est plus assez profonde.

Mad. de St.-Claire.

Belmon semble, en effet, recevoir bien du monde.

SOLANGE.

Il en arrive encor.

Mad. de St.-Claire.

Quoi ! dans ce moment-ci ?

SOLANGE.

Oui. Connaîtriez-vous madame de Mirande ?

Mad. de St.-CLAIRE.

Beaucoup, et j'ai pour elle une estime très-grande.

SOLANGE.

Est-ce une femme aimable ?

Mad. de St.-CLAIRE.

Aimable ? eh ! mais, je croi

Que, jadis, vous l'auriez aimée autant que moi.

Mais vous, parmi tous ceux qu'ici l'on voit sans-cesse,

Vous connaissez Saint-Fard, sans-doute ? Quel homme est-ce ?

SOLANGE.

Madame.....

Mad. de St.-CLAIRE.

Il a, dit-on, des talens, de l'esprit.

SOLANGE.

Il ne mérite pas le bien que l'on en dit.

Mad. de St.-CLAIRE.

Vous n'êtes pas chargé de louer sa personne.

SOLANGE.

Tant de sincérité peut-être vous étonne.

Mad. de St.-CLAIRE.

Vous êtes rigoureux.

SOLANGE.

Quand vous le connaîtrez,

Vous le défendrez moins.

Mad. de St.-CLAIRE.

Moi ! je vous l'abandonne ;

Que m'importe, après tout, comment vous le peindrez ?

SOLANGE.

Madame.....

Mad. de St.-Claire.

J'en croirai tout ce que vous voudrez.

SOLANGE.

Mais....

Mad. de St.-Claire.

Je le crois déjà sans esprit, sans figure.

SOLANGE.

Si....

Mad. de St.-Claire.

Vous avez parlé, je me rends.

SOLANGE.

Je vous jure.....

Mad. de St.-Claire.

De grâce, finissons. Pourquoi tous ces débats?
Et pour un homme encor que je ne connais pas!
A me contrarier vous vous plaisez sans-cesse.

SOLANGE.

Pour n'avoir plus ce tort, madame, je vous laisse.

Mad. de St.-Claire.

Soit.

SOLANGE.

Mais en vous quittant, j'aime à vous répéter
Que rien, pour vous servir, ne pourrait me coûter;
Et quand vous connaîtrez, un jour, comme il se venge,
Vous vous reprocherez les malheurs de Solange.

(il va pour sortir.)

Mad. de St.-Claire.

Que dit-il?.. Arrêtez. J'ai fait vos malheurs! moi!
Ah! vous vous êtes seul chargé de cet emploi,

SOLANGE.

Quoi ! c'est moi qui... mais non ; me taire est le plus sage.

Mad. de ST.-CLAIRE.

Parlez, monsieur.

SOLANGE.

Au moins soyez de bonne foi.

Quoi ! vous m'imputeriez, madame, un mariage !...

Mad. de ST.-CLAIRE.

A qui donc l'imputer ?

SOLANGE.

A qui ! fort bien : courage.

Oui, c'est moi qui vous ai parlé pour un rival ;

C'est moi qui vous ai fait épouser Florival !

Mad. de ST.-CLAIRE.

Epouser ! qui ? moi !

SOLANGE.

Vous.

Mad. de ST.-CLAIRE.

Votre erreur me fait rire.

SOLANGE.

Mon erreur !

Mad. de ST.-CLAIRE.

Un seul mot suffit pour la détruire ;

Je ne venais ici que pour prendre un époux.

SOLANGE.

Ah ! qu'entends-je ! ce mot me rend à l'espérance.

Madame, avec transport j'embrasse vos genoux ;

Oui, j'ose réclamer....

Mad de ST.-CLAIRE.

Quoi donc ?

SOLANGE.

La préférence.

Mad. de St.-CLAIRE.

Vous êtes fou.

SOLANGE.

Non, non.

Mad. de St.-CLAIRE.

Solange ! levez-vous.

SOLANGE.

Cédez à ma prière.

Mad. de St.-CLAIRE.

Eh ! levez-vous, de grâce.
Si quelqu'un vous voyait à mes pieds !

SOLANGE.

C'est ma place.

Mad. de St.-CLAIRE.

Votre place ! ah ! craignez....

SOLANGE.

Et qui craindrions-nous ?

Mad. de St.-CLAIRE.

Qui ! votre femme, enfin, puisqu'il faut vous le dire.

SOLANGE.

Ma femme !

Mad. de St.-CLAIRE.

Il oubliait qu'il est marié.

SOLANGE.

Moi !

Si j'étais marié, je le saurais, je crois.

Mad. de St.-CLAIRE.

Quoi !... vous ne l'êtes point ?

SOLANGE.

Pas plus que vous.

Mad. de ST.-CLAIRE.

J'admire

Le soin que nous mettions à nous bien tourmenter!
Monsieur Dubois!.. c'est lui qui m'est venu conter...
Enfin, vous êtes libre?

SOLANGE.

Oui, libre; mais j'espère

Ne pas l'être long-tems.

Mad. de ST.-CLAIRE.

Oh! c'est une autre affaire.

======================

SCÈNE XV.

LES MÊMES, BELMON.

BELMON.

Ah! le voilà pourtant!... mais que vois-je! à ses pieds!
Il lui baise la main!.. Déjà! votre vengeance
N'a pas duré long-tems. Oh! j'étais sûr, d'avance,
Que rien qu'en vous voyant, vous vous conviendriez.

Mad. de ST.-CLAIRE.

Ce nouveau contre-tems, Belmon, vous embarrasse.

BELMON.

Pourquoi?

Mad. de ST.-CLAIRE.

Près de Saint-Fard il faudra m'excuser.

BELMON.

Ah! vous riez?

SOLANGE.

Mon cher, je ne puis épouser
Madame de Mirande.

BELMON.

Et vous aussi !

SOLANGE.

De grâce ;
Comme ami, chargez-vous de faire ici ma paix.

BELMON.

Votre paix ! oh ! parbleu ! la prière est nouvelle ;
(lui montrant Madame de St.-Claire.)
Vous êtes, il me semble, assez bien avec elle.

SOLANGE.

Quoi !.. c'est là votre nièce ?

Mad. de ST.-CLAIRE.

Et la Saint-Fard ?

BELMON.

Eh ! mais ;
La chose assurément ne doit pas vous surprendre.
On dirait que c'est moi qui viens de vous l'apprendre !

Mad. de ST.-CLAIRE.

Ah ! vous auriez bien dû me l'apprendre plutôt !

BELMON.

Vous vous connaissiez donc ?

SOLANGE.

Voilà l'objet que j'aime ;
Madame est celle enfin dont je parlais tantôt.

BELMON.

Quoi ! la Dame au congé ?

SOLANGE (*riant.*)

Justement.

Mad. de ST.-CLAIRE.

Elle-même.

SCÈNE XVI ET DERNIÈRE.

LES MEMES , MARTON , DUBOIS.

MARTON.

Tout est prêt pour partir.

Mad. de ST.-CLAIRE.

Je reste.

MARTON.

C'est parfait ;
Il me faudra défaire encor ce que j'ai fait !

DUBOIS (*à Solange.*)

Monsieur, j'ai préparé vos habits de voyage.

SOLANGE.

Ah ! c'est donc toi, maraud, qui fais mon mariage !

DUBOIS.

Pardon : s'il vous déplait, nous pouvons le casser.

BELMON.

Madame, grâce à vous, nous allons le fixer ;
Et ma démarche, enfin, n'aura pas été vaine.

Mad. de ST.-CLAIRE.

Ce mariage-là vous coûte peu de peine.

BELMON.

Oui, votre étoile seule a conduit tout ceci;
Vous l'aviez renvoyé pour le reprendre ici.
Pour s'épouser aux champs, se brouiller à la ville,
C'est ce qu'on peut nommer la rupture inutile.

FIN.

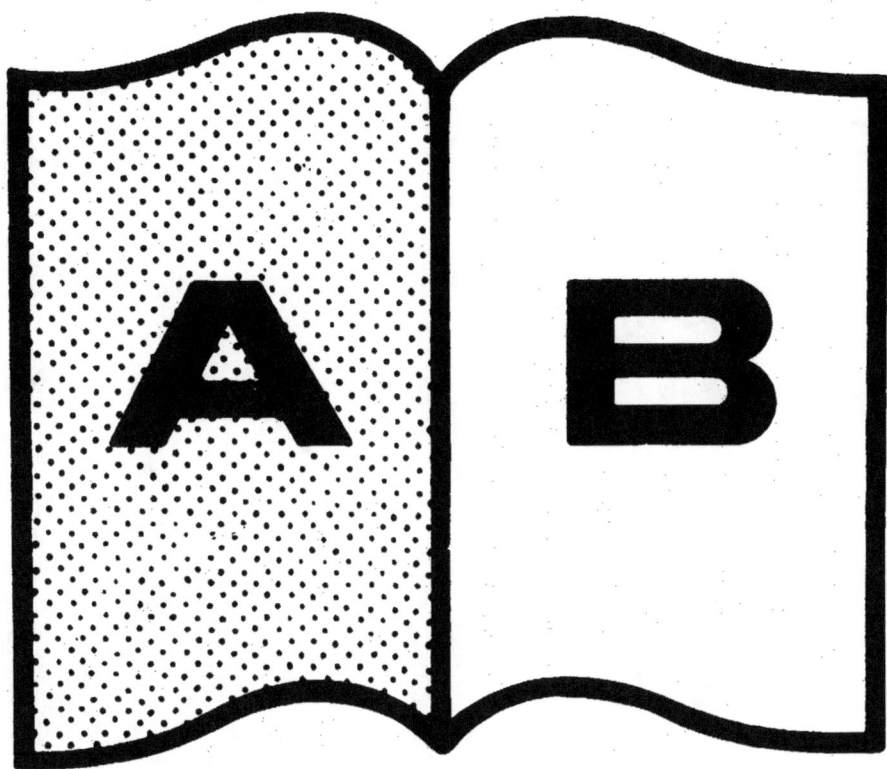

Contraste insuffisant

NF Z 43-120-14